Hanna Ahrens

Ein Tag hat viele Gesichter

W0367781

Hanna Ahrens

Ein Tag hat viele Gesichter

BRUNNEN
VERLAG GIESSEN · BASEL

ABCteam-Bücher erscheinen in folgenden Verlagen:
Aussaat Verlag Neukirchen-Vluyn
R. Brockhaus Verlag Wuppertal und Zürich
Brunnen Verlag Gießen und Basel
Christliches Verlagshaus Stuttgart
Oncken Verlag Wuppertal und Kassel

© 1994, 2000 Brunnen Verlag Gießen
Umschlagfoto und Innenzeichnungen: Hanna Ahrens
Umschlaggestaltung: Ralf Simon
Satz: Brunnen DTP
Herstellung: Ebner Ulm
ISBN 3-7655-1662-7

Inhalt

Der frühe Morgen

Der frühe Morgen – noch frei von aller Arbeit und den vielen Unterbrechungen des Tages – ist die Zeit des Sehens und Wahrnehmens, eine Zeit ungeteilter Aufmerksamkeit. Manchmal gehe ich als Erstes in den Garten, um meine Blumen anzusehen und ihnen zu sagen, wie schön sie sind. Auch unscheinbare Dinge nehme ich wahr: Gras, Unkraut, Brennnesseln; bleibe eine Weile stehen, bis so etwas wie ein innerer Dialog beginnt. Alles redet, wenn ich hören kann.

Der Himmel – klar oder bewölkt – erscheint näher als sonst, er wartet auf mich. Und ich sage:

„Herr, ich danke dir für die Ruhe der Nacht,
für diesen Morgen,
für deine wunderbare Schöpfung.
Ich danke dir, dass ich sehen und hören kann,
riechen, schmecken und fühlen.
Lass mich den Tag heute
mit allen Sinnen wahrnehmen.“

„So ist unser Haus, Hof, Acker, Garten
und alles voller Bibel, wo Gott
durch seine Wunderwerke nicht bloß predigt,
sondern auch an unsere Augen klopft,
unsere Sinne rührt und uns gleichsam
ins Herz leuchtet, wenn wir's haben wollen.“

Martin Luther

Mit dem Fahrrad unterwegs

Unser Haus steht weder in den Bergen noch am Meer, auch nicht zwischen Wäldern und Seen, sondern am Rande einer großen Stadt: dort, wo Schleswig-Holstein beginnt – mit seinen endlosen Baumschulen, Rapsfeldern und Viehweiden. Manchmal – wenn der Tag es erlaubt – bin ich frühmorgens ein Stück mit dem Fahrrad unterwegs. So auch heute. Der Himmel wird zusehends heller, als ob Gott auch an diesem Morgen das Licht aus der Finsternis hervorriefe; es ist wie eine Vorahnung vom „Morgenglanz der Ewigkeit".

Die Sonne ist nun ganz da. Sie breitet ihr Licht und ihre Wärme über die Erde aus. Am Straßenrand: roter Klee und Hahnenfuß, Löwenzahn und Margeriten. Zu beiden Seiten Knicks, von Brombeerranken überwuchert. In den Gräben wachsen Brennnesseln und Disteln. Überall steht Schachtelhalm.

Ganz alltägliche Dinge. Aber morgens, im ersten Licht, ist dies unscheinbar Kleine groß und herrlich. Ausgeruht, gesättigt von der feuchten Kühle der Nacht wächst jeder Halm in den Tag hinein, unverdrossen, als gäbe es keine Abgase, keine achtlosen Schritte, kein Verletzt- und Zertretenwerden. Der helle Morgenhimmel öffnet Blätter und Blüten. Er öffnet auch mein Herz zu Gott hin:

„Ich strecke meine Hände aus nach dir, Gott!
Mein Seele verlangt nach dir.
Lass mich am Morgen hören deine Gnade,
denn ich vertraue auf dich.
Zeige mir den Weg,
den ich gehen soll.“

Aus Psalm 143

Und ich weiß: Gott, der meine Bitten gehört hat, wird mit mir gehen durch diesen Tag.

„Wenn du das Unsichtbare begreifen willst,
dann tu die Augen auf und die Ohren,
nimm wahr, was nahe bei dir ist,
hier auf dieser Erde geschieht.“

Jörg Zink

Halt finden

Die Grashalme am Wegrand mit ihren blühenden Ähren sind übermütig lang. Hoch aufgeschossen schwanken sie im Wind, aber sie brechen nicht. Knoten, die aussehen wie kleine Gelenke, geben ihnen Halt.

Als Jesus Christus über unsere Erde ging, hat er die Menschen auf das Gras zu ihren Füßen aufmerksam gemacht: „Wenn Gott schon das Gras auf dem Feld so kleidet – das doch heute steht und morgen in den Ofen geworfen wird –, sollte er das nicht vielmehr für euch tun?"

Sollte Gott euch nicht erst recht mit Schönheit und Sorgfalt umgeben und selbst der Halt sein, den ihr zum Leben braucht?

David, der König und Liederdichter, erzählt davon, dass Feinde sein Leben bedrohten. Schließlich aber sagt er: „Aber der Herr *wurde mein Halt.* Er führte mich hinaus ins Weite, denn ich war ihm lieb. Mit meinem Gott kann ich über Mauern springen."

Eine Erfahrung, die nicht im Voraus da war. Zunächst gab es nichts als Gefahr von allen Seiten. In seiner Angst wandte David sich an Gott:

„Als mir Angst war,
rief ich den Herrn an.
Ich schrie zu meinem Gott.
Da hörte er meine Stimme.

Er streckte seine Hand aus von der Höhe
und fasste mich.
So wurde er Halt und Zuversicht für mich."

Nach Psalm 18

Gott *wird zum Halt,* wenn ein Mensch ihn anruft. Er ist überhaupt nur so da, dass er kommt, zur Hilfe eilt, sich aufmacht, um mir nahe zu sein. Er, der Lebendige. Der Mich-Sehende und Hörende. Der Barmherzige.

Im Elend nach einem Strohhalm oder Grashalm zu greifen, hilft nicht. Aber jeder Grashalm kann mich daran erinnern, dass Gott mir zum Halt wird, wenn ich ihn anrufe.

Gott gibt uns die Bitte: „Werde du mir Halt, Zuversicht, Hoffnung." Und er lässt uns erfahren, dass er zum Halt wird.

„Weil ich aber auf Erden nichts bin als ein Gast
ohne Recht, ohne Halt, ohne Sicherheit,
weil Gott selbst mich
so schwach und gering gemacht hat,
darum hat er mir ein einziges festes Unterpfand
für mein Ziel gegeben: sein Wort.
Dieses einzig Gewisse wird er mir nicht entziehen,
dieses Wort wird er mir halten,
und an ihm wird er mich seine Kraft spüren lassen."

Dietrich Bonhoeffer

„Guten Morgen!“

Manchmal, wenn ich morgens aus dem Haus gehe, treffe ich Dolores, meine Nachbarin. Sie lacht mich an: „Guten Morgen! Einen schönen Tag wünsch’ ich dir!“

„Danke! Dir auch!“ Eine freundliche Floskel unter Nachbarn? Oder mehr?

Als Dolores grüßte, hat sie mich angesehen, und ich habe ihr ins Gesicht geschaut. Zuwendung für ein paar „Augenblicke“. Den ganzen Tag über werde ich dann auf meine Arbeit sehen. Auf den Weg, den ich gehe. Auf die Autos und die Menschen. Beim Einkaufen auf die Waren, beim Bezahlen aufs Geld. Beim Kochen in die Töpfe. Aber dieser Gruß und Blick am Morgen sind etwas anderes. Was wäre mein Tag ohne Zuwendung und den guten Wunsch eines anderen Menschen?

Wenn ich nun überhaupt nur das hätte, was andere Menschen mir wünschen: Gute Reise! Viel Glück! Bleib behütet! Alles Gute! Gottes Segen …, wie sehr wäre ich dann auf meine Mitmenschen angewiesen! Und bin ich es denn nicht?

Wie glücklich war ich, als die Zuhörerinnen mir nach einer Veranstaltung ein Reiselied sangen: „Gute Wünsche, gute Worte sollen dir Begleiter sein … Geh unter der Gnade, geh mit Gottes Segen, geh in seinem Frieden, was auch immer du tust …“

Ich fühlte mich reich und beschenkt, eingehüllt in gute Wünsche wie in einen warmen Mantel. Der kalte Wind auf dem Bahnsteig konnte mir nichts anhaben.

Aber wenn es nun statt guter Wünsche Verwünschungen und böse Worte gibt – was dann? Trifft mich das auch? Ganz sicher. Doch der Himmel hat uns Segen zugedacht.

„Ich will dich segnen, und du sollst ein Segen sein" – so sagt Gott zu Abraham. Unter dieser Verheißung steht auch mein Tag heute. Was wäre denn Segen? Vielleicht dies, dass ich auf verletzende, kränkende Worte etwas Freundliches sage – jedenfalls nicht zurückschlage und dem Bösen noch mehr Raum gebe. Dass ich für Menschen, die ich nicht mag, bete.

Jesus hat gesagt: „Bittet für Menschen, die euch beleidigen und verfolgen. Und denen, die euch hassen, tut Gutes. Segnet, die euch fluchen." Wenn das heute gelänge – auch nur ein einziges Mal, was für ein Tag wäre es! Gott würde sich über mich freuen. Und sein Segen würde spürbar.

„Niemand empfängt einen Segen
nur für sich selbst."

Friedrich von Bodelschwingh

Sorgen verwandeln

Auf den Feldern sammeln sich die Krähen. Sie finden ihr Futter und sorgen sich nicht um den kommenden Tag. Sie haben es gut: Sie können sich nicht sorgen. Ich dagegen bin geplagt von allen möglichen Ängsten: Wie geht es meinem Mann auf seiner Reise? Werden unsere Kinder einen Beruf finden, der zu ihnen passt und sie glücklich macht? Gibt es eine bezahlbare Wohnung für die Tochter? Wie geht es weiter mit meinem eigenen Leben? Mit meiner Arbeit und meiner Gesundheit? So vieles ist offen und ungewiss. Die Sorgen „kleben" so an uns, sagt Martin Luther, man muss sie nehmen und wegwerfen, hinwerfen auf den, der sorgen kann, auf Gott. Immer wieder.

Als ich in diesem Frühjahr nach Sydney flog, wo unsere Kreuzfahrt um Süd-Australien beginnen sollte, überfiel mich plötzlich eine große Unsicherheit: Würde ich meiner Aufgabe gewachsen sein? Ich sollte die Gottesdienste und Andachten für die Touristen halten. Ob es gelingen würde, so von Gott zu reden, dass die Menschen spürten, wie sehr er sie liebt? Und wenn Stürme aufkämen, die gefürchteten „Roaring Fourties" in der Nähe des vierzigsten Breitengrades, was dann?

Ich nahm das Taschenbuch zur Hand, das Johannes mir für die Reise geschenkt hatte, schlug es auf und las als Motto: „Habt keine Befürchtungen und Sorgen, sondern bringt alle Dinge in Bitte und Gebet mit Dank vor Gott" (Philipper 4,6).

Welch ein gnädiger Hinweis! Und ich mache die Erfahrung, dass Sorgen um mich selbst und um Menschen, die ich liebe, sich tatsächlich in Gebete verwandeln lassen und alles dann wie verwandelt ist. Die Sorgen sind zur Ruhe gebracht, weil sie zu Gott gebracht sind.

Wie freundlich ist Gott, mich immer wieder zu erinnern – durch einen einzigen unerwarteten Satz oder viele schwarze Vögel.

Gegenwärtig sein

Überall am Weg wächst Ackerschachtelhalm. Ein lästiges Unkraut, nicht sehr beliebt. Aber mich hat seit Kindertagen fasziniert, wie sich dieser geschachtelte Halm auseinander zupfen lässt – in viele einzelne Segmente. Ich höre noch das leise „Popp"-Geräusch, das es dabei gab – wie beim Entkorken von Flaschen.

Kürzlich sah ich an einem Teich des Botanischen Gartens Hunderte und Tausende von grünen Halmen des viel selteneren Winterschachtelhalms. Bizarr wie ein Relikt aus der Urzeit, ein Versteck für Dinosaurier, stehen die hohen, schlanken Halme dicht an dicht. Eine seltsame Pflanze! Seit Menschengedenken wächst sie auf unserer Erde. Ihre Vorfahren bildeten einmal riesige Wälder. Diese maßvolleren Nachkommen mit ihren so deutlich gezeichneten Abschnitten erinnern mich daran, dass nicht nur Weltzeiten auseinander hervorgehen, sondern auch die viel kürzeren Phasen in meinem Leben.

Aus all dem, was ich jetzt denke, arbeite und erlebe, glaube und hoffe, erwächst ein anderer Lebensabschnitt. Neues, noch nicht Geahntes kommt hinzu, Schönes und Schweres. Wer weiß, was es heute und morgen sein wird! Bis Gott meinem irdischen Leben ein Ende setzt, bis er Zeit und Raum aufhebt und etwas ganz anderes beginnen lässt: ein Leben in seiner Gemeinschaft, das kein Ende mehr hat.

Und wie viel ist der gegenwärtigen Phase schon

vorausgegangen! Wie sehr hat die frühe Kindheit mein Leben geprägt. Nach dem Krieg gab es kaum Spielzeug, wir haben es selbst gemacht: zusammengebastelt und -phantasiert. Die Wohnung war eng; so spielten wir fast immer draußen. Ich kannte Blumen und Bäume, Moos und Gras besser als Bücher. In der Schule war ich schlecht im Lesen. Die ersten zehn Jahre sind prägend, aber doch nicht so, dass sie mich für alle Zeit schicksalhaft festlegen. Immer kann etwas Neues anfangen. Von Gott her ist nichts unmöglich.

Vom Himmel ist uns Freiheit zugedacht und immer neue Lebendigkeit, Mut und Phantasie. Es soll nicht alles beim Alten bleiben. Jede Lebensphase hat ihr eigenes Gewicht. Sie trägt ihr eigenes Glück und ihre besondere Last in sich. Darum ist es gut, ganz gegenwärtig zu sein und aufmerksam wahrzunehmen, was Gott mir jetzt schenkt oder zumutet.

Natürlich denke ich manchmal zurück an die Zeiten, als unsere Kinder noch klein waren. Oder ich träume von einer arbeitsfreien Zukunft, wo mein Mann und ich Zeit haben werden füreinander und für vieles, was jetzt nicht möglich ist.

Aber meistens genieße ich die Gegenwart und lebe in einem Haus, das sehr unterschiedliche Funktionen unter einem Dach vereint: Micha sagt: „Ich komme heute Mittag nach Hause, habe aber nicht viel Zeit. Thorsten kommt auch! Okay? (Schnell-Imbiss!) Er bleibt über Nacht“ (Jugendherberge).

Susanne, die zur Arbeit geht, ruft an der bereits offenen Tür: „Wird spät heute Abend! Schließt die Zwischentür nicht ab! (Wach- und Schließdienst). Meine

Stühle und der Tisch müssten noch in den Keller!" (Möbellager).

Isabelle kommt aus der Schule: „Hat jemand für mich angerufen? Habt ihr die Nummer notiert? Danke!" (Telefonzentrale). Mein Mann kündigt zwei oder vier Gäste zum Essen an (Restaurant). Die Kinder brauchen einen Vorschuss für Konzertkarten (Kreditanstalt), zur Einstimmung drehen sie die HiFi-Anlage auf (Disco).

Isabelle fragt: „Bist du am Wochenende zu Hause?" „Ja, warum?" „Zum Kuscheln und Teetrinken! Und überhaupt!" (Teestube).

Das alles mag übertrieben klingen. Aber genau so ist es. Ich genieße dies vielfältig bunte Leben und finde: Die gegenwärtige Phase ist die allerschönste! Ich bin gespannt, was dieser Tag bringt!

„Du magst das Produkt deiner Vergangenheit sein,
du bist nicht ihr Gefangener,
außer du willst es sein."

Verfasser unbekannt

„Nimm doch wahr, wie Christus dir
in deiner jetzigen Lebenssituation nahe sein will.
Nimm es wahr in liebender Aufmerksamkeit,
in liebender Wachsamkeit. In seiner Nähe
liegt Leben, liegt Auferstehung."

Johannes Bours

Die Zeit der Arbeit

Vor allem die Vormittagsstunden gehören der Arbeit. Arbeit ist etwas Wunderbares. Sie macht glücklich und zufrieden. Ohne Arbeit gäbe es keine Anerkennung, kein Gehalt, keine Ferien, keinen Feierabend. Ohne Anspannung keine Entspannung.

Ich liebe meine Arbeit, aber sie scheint mich nicht sehr zu mögen. Unerbittlich fordert sie alle Kräfte. Nie sagt sie: Jetzt ist es genug! Wann es genug ist, darauf muss ich selbst achten. Sonst wird die Arbeit mein „Ein und Alles".

Noch schwieriger, als die Arbeit in Grenzen zu halten, ist es, keine Arbeit zu haben. Alles erscheint dann sinnlos und wertlos. Auf Arbeit zu warten, ist schwer. Schwer ist auch das Warten auf den Erfolg meiner Arbeit, auf die Erfüllung meiner Hoffnungen. Wenn es zu lange dauert, seufze und klage ich: „Ach, Herr, wie lange?" Und sein Wort sagt mir, dass er einen Weg weiß, wo ich keinen sehe. Einmal wird alles Hoffen und Warten in Freude einmünden.

„Eine Stunde konzentrierter Arbeit hilft mehr,
deine Lebensfreude anzufachen,
deine Schwermut zu überwinden
und dein Schiff wieder flott zu machen,
als ein Monat dumpfen Brütens."

Benjamin Franklin

Der Blick in den Spiegel

Morgens, bevor ich aus dem Haus gehe, werfe ich einen flüchtigen Blick in den Spiegel. Vielleicht greife ich zu Haarbürste oder Lippenstift. Kleine Korrekturen. Der schnelle Blick ist erträglich, manchmal sogar beglückend. Auch morgens im Bad, wenn der Spiegel vom heißen Wasserdampf noch beschlagen ist, habe ich keine Bedenken, etwas länger hineinzuschauen.

Ganz besonders liebe ich den Spiegel in Isabelles Zimmer: ein Spiegel, der eigentlich gar keiner ist. Im Kunstunterricht sollte sie ein Ölbild auf eine Hartfaserplatte malen und dann plastische Elemente einfügen. Isabelle setzte zwischen die blauen schwarzbegrenzten Felder verschiedene Spiegelscherben. Einige vergrößern, andere verkleinern, manche zeigen das wirkliche Bild. Wenn ich davor stehe, sehe ich viele Teilaspekte von mir: das rechte Auge, etwas Haar, die linke Schulter, Ellenbogen und Hand – wie ein noch unfertiges Puzzle, von dem genug Teile vorhanden sind, um die Person erkennen zu lassen.

Doch es erfordert Mut, sich vor einen ganz normalen Spiegel zu setzen und lange und gründlich hineinzuschauen. Es ist nicht leicht, sich selbst ins Gesicht zu sehen und standzuhalten. Spiegel sind unbarmherzig ehrlich, sie vertuschen nichts. Und es ist ja nicht nur eine kosmetische Kontrolle. Mag ich das Gesicht, das mir da entgegenblickt? Mag ich mich selbst? Und wenn nicht – was dann?

Micha kommt die Treppe herunter. Ich frage ihn: „Micha, macht es dir etwas aus, in den Spiegel zu sehen?"

„Nein, warum? Spiegel sind doch nur 'n Stück Glas mit etwas Silber dahinter. Sie zeigen dir deine Oberfläche. Haut, Haar, Kleidung. Aber du bist doch viel mehr! Mir ist viel wichtiger, wie meine Freunde mich sehen. Sie sind mein Spiegel. Außerdem ... ich weiß gar nicht, was du willst! Du siehst doch okay aus!"

„Danke!"

Meine Freunde – mein Spiegel? Damit kann ich leben. Nur – sie sehen mich vielleicht eher zu freundlich. Am glücklichsten bin ich bei dem Gedanken, dass ich mich selbst so sehen kann, wie Gott mich sieht. Er übersieht das Böse und Hässliche nicht, aber er liebt mich trotzdem – ganz unbeirrbar.

Vielleicht darf ich auch für mich hören, was vor langer Zeit dem Volk Israel gesagt worden ist:

„Gott wird sich über dich freuen!
Er wird über dich mit Jauchzen fröhlich sein."

Wenn Gott sich über mich freut, könnte ich es doch auch tun – und ganz gelassen in den Spiegel sehen.

Arbeit – ein idealer Zeitvertreib?

„Hallo, Karin! Wie geht's?!", frage ich am Telefon.

„Wie soll's gehen? Absoluter Terror hier! Die Aumüller macht einem das Leben doch zur Hölle! Im Moment hat sie's auf mich abgesehen. Salz im Kaffee und solche Scherze. Mobbing nennt man das wohl. Es wird so lange auf einem 'rumgehackt, bis man geht. Aber ich kann es mir nicht leisten, meinen Job zu verlieren. Mit fünfzig kriegst du nichts Neues!"

„Schrecklich!"

„Was kannst du machen mit solchen Vorgesetzten? Du hast's gut: freiberuflich arbeiten – das ist ideal!"

„Stimmt. Ich könnte nicht in einem Großraumbüro sitzen ... mit solch einer Atmosphäre ..."

Wir reden noch eine Weile und legen dann auf. Ich gehe zurück an den Schreibtisch, meinen „idealen" Arbeitsplatz, den ich nur verlassen hatte, weil mir gerade nichts Gutes einfiel. Manchmal bringt schon die kleinste räumliche Entfernung vom Manuskript den klaren Durchblick und neue Gedanken, jedenfalls momentane Erleichterung.

Wahrscheinlich geht es voran, wenn ich mir einen Kaffee koche. Es tut immer gut, in die Küche zu gehen. Da stehen die schönen Gravensteiner Äpfel, die Christel mir geschenkt hat. Leider werden sie schon mehlig. Ich will schnell Apfelmus davon kochen, bevor sie verrotten. Und während die Äpfel gar werden, mahle ich den Weizen und setze den Brotteig an. Die Wäsche muss noch aufgehängt werden!

Das Apfelmus duftet herrlich, und das Brot entwickelt sich im Ofen. Eigentlich könnte ich jetzt an meine Arbeit zurückgehen. Aus dem Bücherbord vor mir ragt ein grauer Band heraus: Thomas Manns „Schwere Stunde“, die Darstellung der Nacht, in der Schiller seinem geschwächten Körper die Fortführung der Arbeit am Wallenstein abgerungen hat.

Es ist ein Faksimile des handschriftlichen Manuskripts. Neun Seiten nur. Ich blättere ein wenig darin. Vielleicht sollte ich es einmal wieder lesen! Lesen inspiriert und erspart es mir, selber Worte zu finden. Schreiben ist Arbeit. Was gelingt, wirkt leicht, fast beiläufig. Einem guten Text sieht man die Mühe nicht mehr an. Thomas Mann kannte offenbar schwere Stunden, das mühsame Suchen nach dem einzig richtigen Wort. Der Faksimile-Druck lässt das erkennen: Wie viele Wörter und Zeilen sind gestrichen, verbessert und manchmal wieder rückgängig gemacht – mit kleinen Punkten darunter. Manches gelingt auf Anhieb, doch nicht alles.

Mir geht es nicht um Helden, Heere oder schillersche Ideale, sondern um kurze Texte, die vom täglichen Leben erzählen. Einem Leben, in dem etwas von der Freundlichkeit Gottes durchscheint oder von seiner Zumutung, gegen den Augenschein zu glauben, dass er uns die Treue hält.

Aber gerade dafür fehlen oft Worte. Noch schlimmer, wenn sie sich häufen und überschlagen. Von Gott kann nur behutsam geredet werden. Denn Gott ist einer, der sich zeigt und zugleich verbirgt. Er ist nie so da, dass wir ihn festhalten oder vorzeigen könnten. Ich wünschte mir, so von Gott reden zu können, wie Rilke es einmal für die Dichter formuliert: „… dass die armen, müde gewordenen Worte neu werden … und jung wie noch nie gebraucht und reich in ihrem Unberührtsein.“

„Ich sah, dass es nichts Besseres gibt,
als wenn ein Mensch fröhlich ist bei seiner Arbeit.“

Prediger 3,22

Wie viel Arbeit ist genug?

Ich suche nicht nach Arbeit, die Arbeit ist da, ganz unübersehbar: in der Familie, in Haus und Garten. Und sie kommt mir per Post auf den Schreibtisch. Welch ein Glück! Ich habe Arbeit!

Eine Zeitschrift will eine Kurzgeschichte für ihre Nullnummer. Das Thema sei: „Fisch" – altchristliches Symbol und tägliche Nahrungsquelle. Fisch in jeder Form ist erwünscht: Krimi oder Drama möglich; witzig, unterhaltsam und fromm. 9000 Anschläge!

Dazu fällt mir nun wirklich nichts ein! Weder etwas Kriminelles noch Christliches oder gar ein Fischsalat aus beidem. Ich sage ab. Man kann nicht alles machen. Schließlich habe ich mit der laufenden Arbeit genug zu tun, und meine Familie schätzt es nicht, wenn ich pausenlos auf der alten Maschine herumhacke.

Als die Kinder aus der Schule kommen, sage ich: „Ach, übrigens ... da kam so eine Anfrage, 'was zum Thema „Fisch" zu schreiben, ich hab' abgesagt. Was soll's ?"

„Warum das denn? Dir wird doch zu Fischen noch 'was einfallen, wo du so gern Heringssalat isst!"

„Es geht ja nicht um Rezepte – etwas Frommes sollte es sein."

„Nimm es locker. Wir machen ein Brainstorming. und du nimmst die Stichworte und setzt ein: und, aber, oder, weder, dennoch, wenn und weil dazwischen."

„Ganz so einfach geht's ja wohl doch nicht!"

„Dann lass die Absage erst mal liegen!"

„Gut!“

Wer weiß, vielleicht geht mir irgendwo ein Fisch ins Netz! Ein anderer Brief heute Morgen kommt vom NDR und lädt mich ein, bei den Morgenandachten mitzuwirken. Zweimal sechs Beiträge pro Jahr, das sei doch zu schaffen. Hinzu kämen natürlich ein Einführungsseminar, Redaktionsgespräche, Sprechtraining, Aufnahme und sonnabends live: Beantwortung von Hörerfragen im Sender. „Trotzdem möchten wir Sie für die Mitarbeit gewinnen!“ Sie haben mich gewonnen. Ich werde das Formular ausfüllen.

Ob ich allerdings die Erwartungen der Hörerinnen erfüllen kann, weiß ich nicht. Aber ich will es versuchen. Gott hat seinen Geist ja denen versprochen, die ihn darum bitten. Und – was wäre das Leben ohne Herausforderungen und Wagnisse? Eigentlich fällt es mir schwer, etwas abzusagen. Arbeit macht Spaß. Ich liebe sie. Zu sehr? Manchmal schon. Dann scheint es, als ob mein Lebensglück vom Gelingen der Arbeit abhinge. Die Arbeit und ich werden identisch. Keine Arbeit, kein Ich. Wie beim Schneemann. Wenn die Sonne kommt, schmilzt er dahin, weil er ganz aus Schnee besteht. Er ist ein Nichts geworden. Wer kann das wollen? Also arbeiten bis zum Umfallen? Es ist schwer, das eigene Maß zu finden, sodass noch Zeit übrig bleibt zum Singen, Träumen, Spielen und Lachen. Selbst Gott „ruhte“ von seinen Werken. Zu müden und erschöpften Menschen sagt Jesus: „Kommt her zu mir – wie gehetzt und geplagt ihr auch seid – ich will euch erquicken. Lernt von mir! So werdet ihr Ruhe finden für eure Seelen“ (Matthäus 11,28.29).

Arbeit ist etwas Schönes und Beglückendes. Aber sie hat den Zug zum Ganzen. Sie will mir alles sein: mein Götze, von dem ich abhänge und den ich darum anbete.

Von solchen und anderen Götzen hat der Prophet Jesaja gesagt: Eines Tages werden Menschen ihre selbst gemachten Götter „zu den Maulwürfen und Fledermäusen" werfen, dann, wenn Gottes Tag kommt (Jesaja 2,20).

Dieser Vers hat mich überrascht. Ich wusste gar nicht, dass die Bibel von Maulwürfen und Fledermäusen redet und mich so daran erinnert, meine Arbeit nicht zu überschätzen.

„Wir können Gott kein
größer noch besser Werk tun,
noch edleren Gottesdienst erzeigen,
denn ihm danken."

Martin Luther

Warten und Hoffen

Arbeitslose warten auf Arbeit. Erfolglose auf Erfolg. Kranke auf Gesundheit. Enttäuschte hoffen auf Zuwendung und neues Glück. Mutlose auf Zuversicht.

Aber auch wenn Wünsche sich erfüllen, bleibt die Sehnsucht. Wir sehnen uns nach dem Ursprung, von dem wir herkommen: Das Geschöpf sehnt sich nach seinem Schöpfer.

Oft wird dieses Innen, der Grund unserer Seele, zugeschüttet: durch Arbeit oder Verzweiflung, durch Sorgen und eine unbestimmte Dumpfheit. Aber die Sehnsucht lässt sich nicht ganz töten, das Hoffen und Warten auf Gott bricht immer wieder durch. In solchen Zeiten des Wartens, der Sehnsucht, haben Menschen zu Gott gesagt:

„*Ach, Herr,* wie lange?!
Ich bin so müde vom Seufzen!
Heile mich, Herr,
denn Leib und Seele
sind sehr erschrocken."

Aus Psalm 6

Und dann ganz überraschend die Gewissheit:

„Der Herr hört mein Flehen.
Mein Gebet nimmt er an."

Das Klagen kommt zur Ruhe. Alles Schwere liegt nun bei Gott, dem nichts unmöglich ist.

Auch Jeremia, der Prophet, bringt sein Leben immer wieder vor Gott. Am Ende einer langen Klage über sein schweres Amt sagt er: *„Ach, Herr,* du weißt es! Denke an mich und nimm dich meiner an!"

Und Gott antwortet ihm: „Wenn du dich zu mir hältst, will ich mich zu dir halten" (Jeremia 15, 15.19).

„Ach, Herr, sieh an mein Elend!" (Klagelieder 1,9).

Es tut gut, in schweren Zeiten „Ach!" sagen zu können. *„Ach, Herr!"* Dabei atmen wir aus und spüren ein wenig Entlastung. Auch wenn die Kraft zu langen Gebeten fehlt – Gott weiß, worauf ich hoffe. Er kennt meine Sehnsucht.

Klagen und Seufzen sind kein Unglaube, sondern der Glaube, dass Gott einen Weg weiß, wo ich keinen sehe. Das „Ach, Herr!" birgt schon ein Hoffen in sich und macht das Schwere erträglicher, sei es die große Last der Arbeit oder die Last, keine Arbeit zu haben. Aber das Warten fällt immer wieder schwer. Wir haben keine Übung darin. Im gewöhnlichen Alltag ist fast alles sofort zur Hand. Um die Ecke gibt es den Schnell-Imbiss, die Sofort-Reinigung, den Foto-Blitz-Service, die Schnell-Reparatur und zu Hause die Mikrowelle, Fast-Food und Instant-Coffee.

Aber Gott mutet uns manchmal einen langen Atem zu und viel Geduld, Schweres auszuhalten. Es gibt Wege, die endlos scheinen, und wir tasten uns wie Blinde an der Wand entlang. Dass Gott bei uns ist, können wir ihm nur glauben. Wir sehen und hören nichts von ihm. Aber er verspricht uns, dass keiner vergeblich auf ihn wartet.

Ein Meister im Ausharren und Durchhalten ist ein winzig kleines Tier, das wir zum Ungeziefer rechnen: die Zecke. Forscher haben herausgefunden, dass eine Zecke bis zu sechzehn Jahre lang auf einem Zaunpfahl sitzend warten kann, bis ein Rind oder Schaf vorbeikommt, auf dessen Rücken sie springt und dessen Blut sie saugen kann. Sechzehn Jahre auf Nahrung warten!

Das Maß an Geduld, das der Himmel uns zumutet, mag oft auch groß sein. Aber all unser Hoffen und Harren wird einmal in Freude einmünden. Am Ende, wenn Gott alles vollendet, wird nur Freude da sein. Keine Plage. Warum also verzagen?

„Denn das ist des Glaubens besondere Art,
dass er damit umgeht und das glaubt,
was noch nicht gegenwärtig ist.
Denn was vorhanden ist,
braucht man nicht zu glauben:
Man fühlt's und sieht's.“

Martin Luther

In der Mitte des Tages

Mittags, wenn die Sonne den Zenit durchschreitet, scheint die ganze Schöpfung den Atem anzuhalten: Kein Blatt rührt sich, der Hund schläft auf seiner Matte, selbst die Vögel schweigen.

Der Vormittag liegt hinter mir, ein großer Teil der Arbeit ist erledigt. War es am Morgen wichtig, vieles zu bewältigen, so ist es jetzt Zeit zum Innehalten, Ausruhen und Durchatmen. Ich soll jetzt nicht schreiben, reden, planen, sondern ausruhen, schweigen, etwas an mir geschehen lassen, um neue Kräfte zu sammeln für die zweite Hälfte des Tages.

Nicht das Tun ist jetzt wichtig, sondern das Empfangen.

Es geschieht viel, wenn ich nichts tue. Wenn ich die Arbeit aus der Hand lege, kann das Schöpferische in mir wieder erwachen. Vielleicht gelingt es, dass ich mich für ein paar Minuten einfinde vor meinem Schöpfer, der zu mir sagt: „Lebe vor meinem Antlitz! Sei ganz!“ (1. Mose 17, 1). Vielleicht kann mein Herz seine Gegenwart wahrnehmen und sich freuen.

„Dabei rechnet jeder sein Leben doch nur nach den Momenten, in denen ihm die echte Zeitüberwindung gelang, seien es nun die Liebesstunden oder die Katastrophen seines Lebens gewesen. Das ist so, wie wenn wir früher die große Schultafel löschten: welches Vergnügen, das Schwemmen und Löschen. Welche Wohltat die Schwärze: sie kam ohne Zweifel von Gott. Denn die Tafel muss leer sein, wenn Gott etwas darauf schreiben soll. So hat das Kind ein königliches Verhältnis zur Zeit, nämlich keins, wenn es spielt. Das ist es, was wir an der Kindheit bewundern:
Ausstieg aus der Zeit, Paradies."

Erhart Kästner

Eine Unterbrechung

Die Natur, der ganze Kosmos scheint in der Mitte des Tages innezuhalten: Die Goldfische im Teich „stehen“ unter den Seerosenblättern und lassen sich den Rücken von der Sonne erwärmen. Das Kaninchen im Gehege hockt unbeweglich da und sinniert vor sich hin – ich wüsste gern, was es denkt. Es frisst in dieser Zeit nicht, auch wenn ich ihm ganz frische Löwenzahnblätter hinlege.

Auch für mich gibt es nach dem Mittagessen einen kleinen Freiraum, eine halbe oder dreiviertel Stunde, in der niemand etwas von mir will. Ich bin müde und gehe fast bei jedem Wetter nach draußen in den Garten – außer wenn es regnet, schneit oder friert. Dort auf der Terrasse steht mein Liegestuhl, Marke „Relax“; in Jacken und Decken gehüllt, genieße ich meine Mittagspause.

Wie wunderbar, so im Garten zu liegen, zu dösen und zu träumen, zwischendurch zu beten und ein wenig zu schlafen. Dabei klärt sich manches, was mir am Morgen in konzentrierter Arbeit am Schreibtisch nicht gelang. Bilder, Gedanken, Dinge ordnen sich. Und wenn ich dann wieder aufstehe, kann ich nach einem guten Kaffee weiterarbeiten, und alles gelingt.

Aber nicht immer komme ich zur Ruhe. Manchmal scheint alles dagegen zu sein. Kaum liege ich, nehme ich halb blinzelnd wahr, wie ein lang aufgeschossener

Zweig der Kletterrose im Wind schwankt. Er wird gleich abbrechen. Also stehe ich auf und binde ihn fest. Dabei sehe ich, dass die gelbe Margerite im Topf Blätter und Blüten hängen lässt, sie braucht schnell Wasser. Die Blumen im Beet sehen auch welk aus. Also hole ich lieber gleich den Schlauch. Danach versinke ich wieder in meinem Liegestuhl. Oh, ich habe vergessen, das Fleisch aus dem Tiefkühlschrank zu nehmen – für die Gäste heute Abend! Auf dem Weg zur Küche komme ich am Telefon vorbei. Frau Helbig wartet auf meinen Rückruf. Später!

Aber nach so vielen Unterbrechungen wird es nichts mehr mit dem Abschalten und Ausruhen. Es ist schwer, ein gutes Gleichgewicht zu finden zwischen Anspannung und Entspannung. Aber eine Pause ist so wichtig – alles Gute und Leichte kommt aus dem Ausgeruhtsein.

Selbst das Kommen des Reiches Gottes hat Zeit und kann einen Moment innehalten: Die Jünger sollen nicht pausenlos arbeiten, predigen und heilen, Hungernde sättigen und Wunden verbinden. Jesus befiehlt ihnen geradezu: „Geht an eine einsame Stätte und ruht ein wenig!“

Die kurze Unterbrechung am Mittag ist eine Wohltat. Ein Mensch, der jetzt, auf der Höhe des Tages, innehält, wird auch den Anforderungen der zweiten Tageshälfte standhalten und Mühsames aushalten.

„Der Tag ist seiner Höhe nah,
nun blick zum Höchsten auf,
der schützend auf dich niedersah,
in jedes Tages Lauf.
Wie laut dich auch der Tag umgibt,
jetzt halte lauschend still,
weil er, der dich beschenkt und liebt,
die Gabe segnen will."

Jochen Klepper

Das Pausenzeichen

In vielen Psalmen steht jeweils nach einem Vers oder Sinnabschnitt das kleine Wort „*Sela*". Es bezeichnet eine Pause und gehörte ursprünglich wohl in den Notentext. Hier sollte der Sänger innehalten, damit die Zuhörer Zeit zum Nachdenken hatten. Später, als die Musik zu den Psalmen verloren gegangen war, hat man das „Sela" in den Text übernommen. Hier schwieg die Stimme des Vorbeters eine kleine Weile. Denn das Schweigen und Nachdenken über das Gehörte sind so wichtig wie die Worte selbst.

Ganz deutlich wird dies beim dritten Psalm:

„Ach, Herr, wie sind meiner Feinde so viel
und erheben sich so viele gegen mich!
Viele sagen von mir: Er hat keine Hilfe bei Gott.
Sela.

Aber du, Herr, bist der Schild für mich,
du bist meine Ehre und hebst mein Haupt empor.
Ich rufe mit meiner Stimme zum Herrn,
so erhört er mich von seinem heiligen Berge.
Sela.

Ich liege und schlafe und erwache;
denn der Herr hält mich.
Ich fürchte mich nicht vor vielen Tausenden,
die sich ringsum wider mich legen.
Auf, Herr, und hilf mir, mein Gott!

Bei dem Herrn findet man Hilfe.
Dein Segen komme über dein Volk!
Sela."

Nach dem ersten Gedankenabschnitt steht am Ende von Vers 3 das „*Sela*", nach dem fünften Vers gibt es eine weitere Unterbrechung, und auch am Schluss sollen die Hörer nicht aufstehen und gehen, sondern noch eine Weile dem Gehörten nachdenken.

Dieser Psalm greift auf, was vielen Menschen ein Problem ist: der Spott der Welt.

„Was tut euer Gott denn schon, wenn es Kriege und Elend gibt? Wo ist er mit seiner Macht? Wo bleibt seine Liebe? Und du selbst? Dir hilft er doch auch nicht!"

Der Beter dieses Psalms wendet sich an Gott und klagt ihm, woran er leidet: „Viele sagen von mir: Er hat keine Hilfe bei Gott." Darauf folgt nicht gleich eine Antwort, sondern eine Pause, ein Schweigen und Meditieren.

Aus der Stille heraus kann der bedrängte und verlachte Mensch nun ein „Aber" sagen. Es scheint zwar so, als ob Gott nicht hilft, aber trotz seiner Verborgenheit ist er wie ein Schild, der die bösen Angriffe, den Spott, abwehrt. Was mich treffen soll, wehrt Gott ab. Darum brauche ich den Mut nicht sinken lassen, sondern kann mitten unter meinen Angreifern und Spöttern mit erhobenem Kopf umhergehen. Gott selbst „hebt mein Haupt empor", er ist „meine Ehre". Das macht mich unangreifbar. Hier hält der Psalm erneut inne. Ich habe keine geringere Hilfe als Gott selbst!

Und dann fährt der Beter fort: Selbst nachts, in Dunkelheit und Gefahr, bin ich ohne Angst, denn Gott bewahrt mein Leben, sodass ich morgens gesund erwache. Der Psalm schließt mit der Zuversicht, dass bei Gott Hilfe zu finden ist, und bittet um seinen Segen. „*Sela.*"

Große, lebenswichtige Worte ohne einen Raum des Schweigens sind wirkungslos wie ein ungerahmtes Gemälde auf einer Blumentapete.

Auch unser Leben, Denken und Arbeiten braucht freien Raum um sich herum: die Unterbrechungen am Mittag oder das Aufhören am Abend. Das scheint oft unmöglich, weil die Arbeit im Übermaß da ist. Es braucht wohl den mutigen Entschluss, gewisse Dinge nicht zu tun und dafür andere in Ruhe zu erledigen. Vielleicht kommt es nicht immer darauf an, möglichst viel zu schaffen, sondern darauf, dass der Schaffende ein Mensch bleibt, dessen Herz bei der Sache ist, die er gerade tut.

„Arbeit und Ruhe gehören zusammen
wie Auge und Lid."

Rabindranath Tagore

„Lerne, alles so zu verrichten,
dass dein Herz sich erwärmt."

Russische Weisheit

Steh still und bedenke

Steh still und bedenke: Während unserer Kreuzfahrt von Sydney nach Perth buchten einige der Mitreisenden den Flug zum Ayers Rock. Als ich am Morgen nach diesem Ausflug mit einem Passagier sprach, der dabei gewesen war, erzählte er von den wunderbaren Farben dieses riesigen Felsens, der den Ureinwohnern Australiens als Heiligtum gilt. Je nach Sonneneinfall ist es ein Ocker-Gelb, Orange oder dunkles Braun-Rot zum Abend hin.

Aber das Wunderbarste sei die Nacht unter dem weiten Himmel gewesen: „Dieser Abend in der Wüste hat mich sehr nachdenklich gemacht. Nichts als der Sand und die Sterne über uns. Die unendlichen Weiten des Himmels. Wie klein ist der Mensch und wie kurz seine Zeitspanne! Für einen Augenblick ist das alles ganz klar, und dann sinkt es zurück ins Vergessen, so wie die Sterne am Morgen verblassen. Und jeder lebt weiter wie bisher und nimmt sich selbst ganz wichtig."

Innehalten: Ich sitze an meiner Maschine und schreibe an einem Text. Als ich hochsehe, fällt mein Blick auf die Passionsblume vor mir auf der Fensterbank. Eine Blüte ist gerade dabei, sich zu öffnen – ganz behutsam, ohne Eile und Anstrengung. Jetzt hat sich der eben noch geschlossene Kelch in einen flachen Stern verwandelt, der sich mit jeder Faser dem Mittagslicht entgegenstreckt.

Welch unbegreiflich geometrische Ordnung herrscht

in dieser Blüte, als sei alles mit Zirkel und Lineal abgemessen und angeordnet. Zuunterst die hellgrünen Deckblätter, darüber der Strahlenkranz, ein klares Violett, und weiter innen die gelben Pollen. Ganz im Zentrum der braune Stempel, dreigeteilt. Welch eine Vollkommenheit und Schönheit – für einen einzigen Tag. Morgen wird die Blüte zu welken beginnen, gegen Abend wird sie sich wieder schließen und nach ein paar Tagen abfallen. Ohne Klage. Aber heute blüht sie und zieht mich in ihren Bann. Ich wage kaum, weiterzuarbeiten.

„Steh still und bedenke die Wunder Gottes:
Weißt du, wie Gott den Wolken Weisung gibt?
Wie er das Licht aus ihnen hervorbrechen lässt?
Weißt du, wie die Wolken schweben?“

Hiob 37,14

„Kannst du nicht wehen, dass mein Ohr es hört?"

Wie wir in unserem Leben etwas von Gott wahrnehmen können, ist wohl eine der wichtigsten Fragen überhaupt. Die Sehnsucht, Gott zu schauen, seine Stimme zu hören, ist nicht unterzukriegen. Gott selbst hat sie uns ins Herz gegeben, damit wir nicht vergessen, wo unser Zuhause ist.

Gott selbst, der Schöpfer, ist uns verborgen. Was wir von ihm sehen, ist seine Schöpfung. Im hellen oder milden Mittagslicht, das über den Feldern liegt, im stürmischen Wind über weiter Landschaft, in den dahinziehenden Wolken mag uns etwas entgegenkommen von Gottes Herrlichkeit und seiner Nähe.

Dann und wann gibt es Zeichen seiner Gegenwart. Hinweise – keine Beweise. Unser Herz freut sich und sagt: „Herr, wer ist wie du?!" Und wenn die Hinweise fehlen, so ist er selbst doch da. So sagt es sein Wort. Wirklich sehen – Gott sehen, wie er ist – werden wir erst, wenn uns das irdische „Hören und Sehen vergeht", wenn Gott uns zu sich ruft vor sein Angesicht. Auf der Erde leben wir im Glauben, nicht im Schauen.

Die Jünger haben Jesus zwar mit ihren irdischen Augen gesehen. Aber was sahen sie denn? Einen armen Wanderprediger, der heimatlos über die Straßen zog, verlacht und am Ende von allen verlassen, gekreuzigt vor den Toren der Stadt auf einer Schutthalde. Um darin

Gottes Liebe zu entdecken, bedurfte es eines Wunders, das Blinden die Augen öffnete.

Jesus preist die Jünger selig: „Glücklich die Augen, die sehen, was ihr seht!“ (Lukas 10, 23). Dann und wann konnten sie den zeichenhaften Anbruch der Gottesherrschaft wahrnehmen, die Umkehrung aller Werte: Blinde wurden sehend, und Sehende sahen nichts. Den Weisen und Klugen blieb Gottes Geheimnis verborgen, aber die Unmündigen, die Kinder und Menschen im Elend, erkannten Gottes Nähe in Jesus. Sie konnten „sehen“ und sagen: „Mein Herr und mein Gott!“

Gott selbst muss unser Herz anrühren, sonst hören wir nicht ihn reden, sondern nur uns selbst. Unser Herz ist zu eng und zu ängstlich, um Gottes große Zusagen zu fassen. Die weite Landschaft im Mittagslicht weckt auch in mir die Sehnsucht nach Weite: nach einem Herzen, das weit genug ist, Gottes Zeichen zu erkennen und aufzunehmen.

„Ich seh dich nicht! Wo bist du denn,
o Hort, o Lebenshauch?
Kannst du nicht wehen, dass mein Ohr es hört?
Was nebelst, was verflatterst du wie Rauch?
Wenn sich das Aug' nach deinen Zeichen kehrt?“

Annette von Droste-Hülshoff

Der späte Nachmittag

Hamburger Innenstadt kurz vor Ladenschluss. Die Menschen gehen eiliger als sonst, sie sind auf dem Weg nach Hause. Ihre Arbeit ist getan. Schnell die letzten Einkäufe: Gurken, Salat und Brot, ein Stück Käse dazu. Hier ein Schnäppchen, dort alles zum halben Preis. Nur mal ansehn, denke ich. Und schon habe ich es gekauft! War es nötig? Eine Bluse mehr kann nicht schaden! Die Krankheit der Zeit heißt: Kaufrausch! Wenn es mir nicht gut geht, tue ich mir selbst etwas Gutes und kaufe Kleider und Schuhe doppelt und dreifach.

Wie viel Luxus braucht der Mensch? Was macht glücklich, so glücklich, dass ich davon leben kann? Im letzten Buch der Bibel steht als Wort des auferstandenen Christus die Einladung:

„Kaufe Gold von mir, damit du reich wirst."

„In dir muss Reichtum sein;
was du nicht in dir hast,
wär's auch die ganze Welt,
ist dir nur Last."

Angelus Silesius

Stehen bleiben und staunen

Ein Warenhaus in der Mönckebergstraße. Gleich am Eingang ein Tisch mit Modeschmuck. Auf faltigem Samt liegen Ketten und Ohrringe, billige Goldimitationen. Hinter dem Tisch ein Student, der dafür sorgen soll, dass kein Kunde achtlos vorbeigeht: „Stehen bleiben! ... Staunen! ... Genau hinsehen! ... Die alten Preise gelten nicht mehr. Jetzt alles für zehn Mark! Zugreifen und sich freuen!"

Obwohl der Schmuck eher hässlich ist, kaufe ich eine Kette. Mir gefiel, was der Student sagte. „Stehen bleiben, genau hinsehen und staunen!" Das wäre – auf mein Leben bezogen – ein guter Rat!

Nicht nur: rennen, jagen, arbeiten, essen, schlafen, sondern: stehen bleiben und wahrnehmen, was mich umgibt. Nicht alles ist selbstverständlich, fast nichts! Wie wunderbar, dass es Menschen gibt, die mich lieben und die ich lieben kann! Ich brauche mich nicht ständig um mich selbst und mein Wohlbefinden zu drehen. Ich kann singen und lachen, trotz allem, was schwer ist, und mich freuen über die Schönheit der Schöpfung. Sicher, manchmal wird das Staunen erstickt, überfahren von Arbeit, Hektik, von Sorgen und Problemen.

Vielleicht spüre ich nur dann etwas vom Geheimnis des Lebens, wenn Gott das Irdische transparent werden lässt auf ihn hin. Wenn er mir die Augen öffnet für Dinge und Menschen in meiner Nähe, so wie es von Hagar, der ägyptischen Magd Saras, erzählt wird, als sie in der Wüste umherirrte: „Gott tat ihr die Augen auf, dass sie einen Wasserbrunnen sah" (1. Mose 21,19). Ohne diesen Brunnen wären sie und ihr Sohn Ismael verdurstet. Der Brunnen war ganz in ihrer Nähe. Aber sie sah ihn nicht. Vielleicht war ihre Erschöpfung zu groß. Schon einmal hatte Gott ihr einen rettenden Engel geschickt, als sie vor Sara geflohen war. Und Hagar staunt, sie kann es nicht fassen, dass dem Himmel ihr Geschick nicht verborgen ist. Sie findet einen neuen Namen für Gott: „Du bist ein Gott des Sehens! Ein Gott, der mich sieht."

Die Wahrnehmung Gottes beginnt mit dem Staunen über seine Zuwendung. Der große Gott sieht den kleinen Menschen, der hilflos in der Wüste umherirrt! Welch unbegreifliches Glück! Das Staunen führt zur Anbetung: Wie wunderbar! Du, Gott, siehst mein Elend!

Auch Abraham wird von Gott aufgefordert, genau hinzusehen, auf Worte und Zeichen zu achten: „Hebe deine Augen auf und sieh!"

Alles, was er sieht, das weite Land, soll seinen Nachkommen gehören. Und: „Sieh gen Himmel und zähle die Sterne! Kannst du sie zählen?" So zahlreich sollen seine Nachkommen sein. So groß Gottes Segen.

Wir leben nicht in einer Wüste, nicht in unendlich weitem Land und sehen den Sternenhimmel vor lauter Wolken, Smog und Häusern nur selten. Aber Gott hört nicht auf, auch uns zuzurufen: Mach deine Augen auf! Achte auf die Zeichen und Wunder, die auf deinem Weg sind. Bleib stehen und staune!

*„Von allen Seiten umgibst du mich
und hältst deine Hand über mir.
Diese Erkenntnis ist mir zu wunderbar
und zu hoch. Ich kann sie nicht begreifen."*

Aus Psalm 139

Wie viel Luxus braucht der Mensch?

Eigentlich bin ich zufrieden mit meinem Leben, so wie es ist. Ich bin sogar glücklich. Doch dann unterhöhlt die Werbung meine Zufriedenheit und sagt mir, ich solle „schöner wohnen“, „exquisiter essen“, „besser aussehen“, „mich wohler fühlen“ und „extravaganter reisen“. Ich brauche „mehr Komfort und Sicherheit“. Welch ein Unsinn! Mir fehlt doch nichts. Aber unterschwellig wirkt die Werbung.

Etliche Tage später vor dem Spiegel denke ich: Vielleicht könnte ich wirklich besser aussehen, wenn ich die richtige Fältchencreme benutzen würde und das vitalere Shampoo. Wenn ich mir die neueste Herbstmode kaufen würde, statt in Jeans herumzulaufen. Warum eigentlich nicht?

Gedacht, getan! Meine Töchter begleiten und beraten mich. Am Ende des Nachmittags bin ich ausgerüstet mit wohlriechenden Kosmetika und modischem Outfit. Eine neue Tasche „Sportive Elegance“ hängt über meiner Schulter. Nicht schlecht!

Aber nun reicht es auch. Nun will ich von der Werbung nicht schon wieder hören, dass ja alles auf die Schuhe ankäme, da der Mensch den größten Teil seines Lebens stehend oder gehend zubringe. Ich laufe ja gut – auch ohne den neuesten modischen Trend.

Ich denke an einen Werbetext anderer Art:

„Macht euch Beutel und Taschen, die nicht veralten.

Verschafft euch ein Kapital, das nicht kleiner wird. Einen ‚Schatz' im Himmel, der nicht aufgefressen wird, weder von Motten noch vom Rost der Zeit. Denn wo euer Schatz ist, da ist euer Herz." Martin Luther hat es so formuliert: „Das, woran du dein Herz hängst, ist dein Gott."

„Das Leben ist mehr als Essen und Wohnen. Mehr als Mode und Kleidung. Niemand lebt davon, dass er alles hat. Was nützt es ihm im Tod? – Und der kann morgen kommen. Er kann nichts festhalten oder mitnehmen. Aber der Schatz im Himmel bleibt" (nach Lukas 12).

Was ist das für ein Schatz? Lukas, der diesen Text im ersten Jahrhundert nach Christus geschrieben hat – als es noch keine Werbespots gab, aber doch die Lust, Geld und Gut anzuhäufen –, will damit sagen: Der Schatz, der größte Schatz, den wir haben können, ist unsere Beziehung zu Gott. Dass wir ihn lieben, weil er uns schon immer geliebt hat. Dass wir mit ihm reden, weil er uns schon kannte, bevor wir auf der Welt waren, und weil er schon immer mit uns spricht, wenn wir es nur merken. Diesen Reichtum – von Gott geliebt zu sein – kann uns niemand rauben, auch der Tod nicht.

Die Werbung sagt: „Investieren Sie an der richtigen Stelle. Da, wo der Gewinn sicher ist!" Lukas formuliert es so: „Wenn ihr auf Gott setzt und es euch zuerst um sein Reich geht, wird euch alles andere zufallen. Keine Sorge! Lasst euer Herz für Gott schlagen! Und hört doch, wie sehr sein Herz für euch schlägt!"

„Sorge dich nicht um das, was kommen mag.
Weine nicht um das, was vergeht.
Aber sorge, dich nicht zu verlieren, und weine,
wenn du dahintreibst im Strome der Zeit,
ohne den Himmel in dir zu tragen."

Friedrich Schleiermacher

Gold und weisse Kleider

In einem Hamburger Bus, später Nachmittag. Die Menschen steigen wortlos ein und aus und sitzen sich stumm und verschlossen gegenüber. Sie hängen ihren Gedanken nach. Warum auch reden, wenn ich niemanden kenne? Und worüber?

Am Niendorfer Markt steigt eine Gruppe Behinderter zu. Sie verteilen sich auf die freien Plätze und haben – so getrennt – das Bedürfnis, miteinander zu reden. Sie rufen sich etwas zu, lachen, freuen sich, fragen nach. Der Satz wird wiederholt – mühsam, aber es gelingt.

Einige der übrigen Fahrgäste gucken verärgert, sie fühlen sich gestört. Deutliche Missbilligung. Und ich denke: Wer sind hier die Gesunden und wer die Kranken? Haben Wohlstand und Überfluss uns stumm und freudlos gemacht? Was ich brauche, besorge ich mir selbst, ich bin auf niemanden angewiesen! Versichert, versorgt, versteinert.

Ich denke an die Sätze des Schwarzhändlers aus „Lehmanns Erzählungen“ von Siegfried Lenz: „Auf allen Gesichtern, die ich auf dem weißen Markt des Überflusses sehe, liegt die gleiche Freudlosigkeit … der gleiche Überdruss. In Zeiten des Überflusses stirbt die Phantasie, nichts wird uns abverlangt an Überlegung, an Abenteuer, an Ungewissheit …“

Übersättigt und hungrig zugleich. Reich (man hat ja alles!) und doch arm an Leben. Rundum versichert und doch voller Ängste – so begegnen uns Menschen, und wir gehören zu ihnen. Vielleicht kann ein altes Wort uns die Augen öffnen. Der Seher Johannes hört den auferstandenen Christus sagen: „Du behauptest: Ich bin reich und wohlhabend. Nichts fehlt mir. Du weißt aber nicht, dass gerade du elend und erbärmlich bist, arm, blind und nackt. Darum rate ich dir: Kaufe von mir Gold, das im Feuer geläutert ist, damit du reich wirst. Kaufe von mir weiße Kleider und ziehe sie an, damit du nicht nackt dastehst und dich schämen musst. Kaufe Salbe für deine Augen, damit du sehen kannst."

Die Worte gelten der Gemeinde in Laodicea, einer reichen Handelsstadt in Kleinasien. Vom Kaufen und Verkaufen verstanden die Menschen dort viel. Darum wird das Evangelium in diese Sprache gekleidet: Das Gold bezieht sich auf ihre Bankgeschäfte, die Kleider auf die Textilbranche, und Augensalbe wurde von ihren Ärzten verwendet.

Die Einladung zum Kaufen ist die Bitte, sich ganz zu Christus hinzuwenden und in ihm einen Reichtum zu finden, der alles andere weit übersteigt.

Und so wie damals bittet Christus auch uns heute: Begnüge dich doch nicht mit dem, was du an Reichtümern hast! Finde dich nicht ab mit der Armut und Leere deines Herzens: Kaufe Gold von mir! Denn dein Leben soll Glanz bekommen, du sollst strahlen vor Freude.

Kaufe Salbe für deine Augen, damit du Gott und dich selbst im rechten Licht siehst und nicht blind bist für die Zeichen seiner Liebe.

Kaufe weiße Kleider, und ziehe die Unschuld und

Reinheit Christi an. Mit solch einem Kleid kannst du vor Gott treten. „Kaufe Gold von mir!"

Für mich heißt das: Gott will, dass ich lebe! Er hat kein Gefallen an Kümmerlichkeit, Mangel und Schuld. Gott möchte, dass ich etwas werde, was ich noch nicht bin. Er fragt: „Was soll ich dir tun? Worin bist du arm und bedürftig?"

Und was immer Gott mir zugedacht hat – ist nicht jedes seiner Geschenke wie Gold, das reich macht? So reich, dass mir nichts fehlt?

„Der größte Reichtum ist der,
den wir nicht sehen,
aber tief im Herzen tragen."

Herbert Eichler

Ein Lied auf dem Weg

Den ganzen Tag beschäftigt mich ein Wort, das ich heute Morgen im Herrnhuter Losungsbuch gelesen habe. Das kommt selten vor. Meistens vergesse ich das Gelesene schnell wieder. Aber dieses Wort heute hatte dasselbe Thema wie mein Traum in der Nacht. Es hieß: „Als man den Herrn lobte, da erfüllte die Herrlichkeit des Herrn das Haus Gottes" (2. Chronik 5,13-14). Gott kommt dorthin, wo er gelobt wird. Menschen singen, und Gott ist bei ihnen. Ihr Leben weitet sich aus bis zum Himmel hin.

Vielleicht ist Loben das Einzige, was aus diesem Leben mitgeht – durch den Tod hindurch. Und dann wird es Lob in Vollendung sein. Woher ich das weiß? Ich weiß es nicht. Ich habe es geträumt. Ich habe nicht ein Geschehen geträumt, sondern diesen Satz: „Vielleicht ist Loben das Einzige, was mitgeht – durch den Tod hindurch." Ein merkwürdiger Traum. Ich will ihn mir merken.

Im Buch Hiob (33,15–18) heißt es: „Im Traum, im Nachtgesicht, wenn der Schlaf auf die Menschen fällt … da öffnet Gott das Ohr der Menschen, er schreckt sie auf und warnt sie … um ihre Seele vorm Verderben zu bewahren."

Ob Gott mir sagen wollte: Arbeit bis zur Erschöpfung ist nicht alles, was es gibt? Das Loblied – hat es genug Platz in deinem Leben?

Wenn wir Gott ein Lied singen, dann ist das schon ein Vorgeschmack, eine Ahnung von dem großen, herrlichen Gesang, der einmal durch die ganze Schöpfung gehen wird, wenn alle Völker kommen und Gott anbeten. Auf diesen Tag gehen wir zu. Warum also unterwegs nicht singen? So wie man auf dem Weg nach Hause eine Melodie summt oder pfeift!

„Gott achtet mich,
wenn ich arbeite,
aber er liebt mich,
wenn ich singe.“

Rabindranath Tagore

Abend und Nacht

Es ist eine Wohltat, abends nach Hause zu kommen. Nach der Anstrengung und der Öffentlichkeit des Tages darf ich nun ein privater Mensch sein, darf abschalten und ausspannen.

Den ganzen Tag über war ich eingespannt in ein Programm, habe angespannt gearbeitet. Nun gibt es die Entspannung: die lässigere Kleidung, den bequemeren Sessel. Der Lebensradius ist wieder kleiner geworden, er verengt sich auf das Haus, auf die Familie, auf ein Zimmer.

„Der Abend horcht nach innen“ (Rainer Maria Rilke). Ich freue mich über das, was an diesem Tag gut war. Ich bin ärgerlich und traurig über Fehlschläge, aber nun lege ich auch das Unfertige aus der Hand.

Wenn ich morgen früh aufwache, werde ich weiter daran arbeiten. Wenn nicht, wird Gott alles Stückwerk vollenden. Schon jetzt leuchten über der Ruhe des Abends und dem Dunkel der Nacht Gottes Licht und sein Frieden.

„Wenn wir uns legen, so ist er zugegen.
Wenn wir aufstehen, so lässt er aufgehen
über uns seiner Barmherzigkeit Schein.“

Paul Gerhardt

Was der Tag zerstreut, sammelt der Abend

Unsere Familie wohnt noch beinahe vollzählig in einem Haus zusammen. Wir erfahren nicht alles, aber viel voneinander. Wir erzählen, was gerade „läuft" oder eben nicht gelaufen ist. Abends sind fast alle da. Tagsüber hat jeder seinen eigenen Arbeitsbereich.

Wenn möglich essen wir gemeinsam und setzen uns dann – im Winter – in die Nähe des Kachelofens, an warmen Sommertagen auf die Terrasse. Wir lesen die Zeitung und stören uns dabei gegenseitig, indem wir erzählen, was uns gerade einfällt oder kurze Notizen laut zitieren.

Der Lebensraum ist wieder enger geworden – auf einen Raum beschränkt, später auf das eigene Bett, wo jeder die Bettdecke fest um sich wickelt. Aber vorher sitzen wir zusammen, schimpfen und lachen, beklagen, was schief ging, und freuen uns über anderes, das überraschend glückte. Bis plötzlich einer aufspringt und fernsehen will. Ein anderer ist müde und geht ins Bett. Micha möchte noch Freunde besuchen. Die große Runde löst sich auf. Wer zuletzt ins Bett geht, muss den Hund ‚rauslassen', die Türen abschließen und das Licht ausmachen, weshalb jeder versucht, nicht der Letzte zu sein.

Für die Spät-nach-Hause-Kommenden liegen Zettel mit Notizen und Telefonnummern auf dem Teppich. Meist mündet der zerstückelte Tag in einen ruhigen

Abend ein, wenn nicht gerade Gäste da sind. Nach der Anspannung kommt die Entspannung. Wenn die Eltern allein sind, trinken sie manchmal ein Glas Wein und lesen oder sehen noch einen späten Krimi im Fernsehen an. Nach dem Vielerlei des Tages ist es so erholsam, nur eine Sache zurzeit zu tun und sich nur einem Menschen ganz ungeteilt zuzuwenden.

Wenn es dann Zeit ist, ins Bett zu gehen, denke ich ähnlich, wie Jean Pauls „vergnügtes Schulmeisterlein" es sagt: „Abends lieg ich auf alle Fälle, sie mögen mich den ganzen Tag zwicken und hetzen, wie sie wollen, unter meinem warmen Zudeck und drücke die Nase ruhig ans Kopfkissen, acht Stunden lang."

Und dann weiß ich: Dieser Tag mit allem, was er enthielt, ist bei Gott aufgehoben. Was nicht gelang und unfertig blieb, muss mir nicht den Schlaf rauben. Für das Böse darf ich um Vergebung bitten, einmal wird Gott es ganz vernichten. Einmal wird er alles Unfertige vollenden. Darum kann ich mich seinem Frieden anvertrauen.

„Ich liege, Herr, in deiner Hut
und schlafe ganz mit Frieden.
Dem, der in deinen Armen ruht,
ist wahre Rast beschieden.

Ich weiß, dass auch der Tag, der kommt,
mir deine Nähe kündet
und dass sich alles, was mir frommt,
in deinen Ratschluss findet.

Du hast die Lider mir berührt.
Ich schlafe ohne Sorgen.
Der mich in diese Nacht geführt,
der leitet mich auch morgen."

Jochen Klepper

NICHTS WIRD MIR FEHLEN?!

Ein Tag ist lang. Er hat acht oder manchmal zwölf Arbeitsstunden. Wie viel gibt es da zu erledigen, zu Hause oder außerhalb! Tausend kleine Handgriffe und noch mehr Schritte. Da sind Menschen, Probleme, Aufgaben. Wie kann ich es schaffen, in diesem hektischen Durcheinander „bei Gott“, in seiner Nähe zu bleiben? Sodass ich ihn höre und er mich hört? Das kurze Morgengebet ist schnell vergessen, und bis zum Nachtgebet – wenn die Erschöpfung nicht zu groß ist – ist es lang.

Ich habe versucht, einmal einen einzigen Satz, ein Psalmwort, einen Tag lang durchzuhalten, es in mir festzuhalten und allem, was geschah, *entgegen*zuhalten. Und dann noch einen Tag. Der Satz hieß: „Der Herr ist mein Hirte, mir wird nichts fehlen“ (Psalm 23,1).

In unseren Keller ist Wasser gelaufen, weil die Waschmaschine verstopft war und überlief. Ein gutes Dutzend meiner Bücher sind verdorben, einige leicht beschädigt. Viel Extra-Arbeit. Eigentlich wollte ich an den Schreibtisch. Verlorene Bücher, verlorene Zeit. Ärger. Mittendrin ein Telefonanruf. Ein Kinderbuch-Verlag teilt mir mit, dass sich die Pläne mit meinem neuen Buch aus Kostengründen nicht realisieren ließen. Schade. Zwei Monate Arbeit umsonst. Vergeudete Zeit? Materialausgaben. Enttäuschung. Natürlich gibt es Schlimmeres. Aber ich bin traurig. Gott sieht meine Traurigkeit. „Der Herr ist mein Hirte. Mir wird nichts fehlen.“

Ich habe Kopfschmerzen. Nicht viel Kraft zu konzentrierter Arbeit. Ich komme nicht gut voran. Gelassenheit fällt mir schwer. Ich überlasse mich Gott in meinem Nicht-weiter-Kommen. „Der Herr ist mein Hirte. Mir wird nichts fehlen."

Nachmittags habe ich eine Veranstaltung. Ich verschenke die leicht beschädigten Bücher. Überraschung, Freude. Vielleicht hören die Empfänger aus den Texten der Bücher etwas, das sie sagen lässt: „Der Herr ist mein Hirte, mir wird nichts fehlen." Vielleicht wird aus Schaden und Verlust Lob?

Am nächsten Morgen bin ich beim Orthopäden. Das Röntgenbild zeigt eine Knochenverformung an der Ferse, die nicht zu beheben ist. Das Gehen wird nicht mehr schmerzfrei sein. „Der Herr ist mein Hirte. Mir wird nichts fehlen."

Was er mir zumutet, kann ich wohl tragen. Ich hoffe auf seine Kraft.

Mittags kommt Isabelle aus der Schule. Sie hat schlechte Laune. „Was ist los?", frage ich.

„Nichts!" Sie geht in ihr Zimmer. Schlechte Laune ist schwer auszuhalten, sie legt sich mir wie Mehltau auf die Seele. Dabei hätte ich heute gut etwas Freude gebrauchen können. „Der Herr ist mein Hirte. Mir wird nichts fehlen."

Manches Schwere bleibt. Vieles fehlt mir. Ich verstehe nicht, warum Gott mir manches zumutet und anderes vorenthält. Noch weniger begreife ich seine Güte gegen mich. Alles, das Schwere und das Schöne, soll mir zum Besten dienen und mir helfen, auch gegen den Augenschein zu sagen: „Der Herr ist mein Hirte. Mir wird nichts fehlen."

Gott bittet uns:

„Lass mich allein dein Gott sein,
und suche ja keinen andern.
Was dir an Gutem mangelt,
das erwarte von mir und suche es bei mir.
Wo du Unglück und Not leidest,
halte dich zu mir.
Ich will dir genug geben
und dir aus aller Not helfen.
Lass nur dein Herz an keinem anderen hängen
noch ruhn."

Martin Luther

Sehnsucht nach Licht

Abends, wenn es dunkel wird, ist unsere Sehnsucht nach Licht besonders groß: Wir schalten künstliche Lichtquellen ein oder zünden Kerzen an. Sie sind nur ein schwacher Ersatz für das herrliche Sonnenlicht, das Leben erst möglich macht. Jede Pflanze stirbt, wenn ihr das Licht fehlt. Die Blätter werden fahl, verkümmern, fallen ab.

Welche Kräfte diese Sehnsucht nach Licht freisetzen kann, wurde mir deutlich, als ich kürzlich durch den Garten ging. Mir fiel auf, dass eine der Sandsteinplatten auf dem Weg leicht angehoben war und schräg stand. Merkwürdig! Ich hob die Platte an und fand darunter viele kleine weiß-gelbe Spitzen, die aussahen wie Ameiseneier. Ein unterirdischer Bau?

Vorsichtig räumte ich die Erde mit der Hand beiseite. Darunter stieß ich auf ein Geflecht von lauter hellen Schösslingen. In zahllosen Windungen und Krümmungen hatten sie sich gegen die übermächtige Steinplatte gestemmt, um ans Licht zu gelangen. Der äußerste Spross am Rand der Platte hatte es geschafft und sogar schon kleine, silbrig-grüne Blätter ausgebildet. An ihnen erkannte ich, dass es ein Sanddornableger war. Wie die anderen wuchs er aus einer unterirdischen Wurzel heraus, die von unserem Sanddornbusch in der Hecke herkam – drei Meter entfernt.

Welche Unbeirrbarkeit in der Suche nach Licht! Schössling um Schössling wurde gegen die Steinplatte geschickt, um dieses Hindernis einen Spalt breit anzuheben und das Licht hereinzulassen.

Obwohl mich dieses Wunderwerk zutiefst rührte, griff ich nach einem Spaten und durchtrennte die Nabelschnur zum alten Sanddorn. Ich wollte keinen Busch mitten auf dem Plattenweg! O kleinlicher Ordnungssinn! Kaum hielt ich das bizarre Wurzelgebilde in der Hand, das einer Südseekoralle glich, tat es mir schon Leid. Wie konnte ich so viel Lebenswillen zerstören?

Wie wunderbar ist solch ein Durchhalten, Nicht-Aufgeben – und wie selten! Mir fehlt solche Sanddorn-Beharrlichkeit. Leider! Aber auch ich sehne mich nach Licht. Besonders in den dunklen Wintermonaten, in denen man ganz vergisst, welche Farbe die Sonne hat.

Dieses Verlangen nach Licht ist im tiefsten wohl die Sehnsucht nach dem Schöpfer des Lichts, nach Gott selbst, von dem es heißt: „Gott ist Licht, in ihm ist keine Finsternis" (1. Johannes 1,5). Und er selbst hat uns „in sein wunderbares Licht gerufen" (1. Petrus 2,5), weil es ohne Licht kein Leben gibt, kein Wachsen, auch keine Heilung für Leib und Seele. Darum haben Menschen schon immer zu Gott gerufen: „Lass über uns das Licht deines Antlitzes leuchten, so genesen wir." Dreimal steht diese Bitte in Psalm 80.

Unsere Sehnsucht nach Licht und Wärme, nach der Nähe Gottes, bleibt, bis wir einmal ganz im Licht sind. Jeder Abend, an dem das Licht stirbt, jeder Morgen, an dem es neu erwacht, erinnern uns daran, dass wir auf einen Tag zugehen, von dem der Seher Johannes sagt:

„Dann wird keine Nacht mehr sein.
Sie werden nicht bedürfen einer Leuchte
oder des Lichts der Sonne,
denn Gott, der Herr, wird sie erleuchten.
Sie werden sein Angesicht sehen,
und sein Name wird an ihren Stirnen sein."

Offenbarung 22,5.4

Leere Netze

Manchmal habe ich am Abend eines Tages das Gefühl: Heute war es nichts! Ich habe nichts geschafft! Nichts von dem, was ich eigentlich tun wollte.

Ich habe vieles erledigt, aber es waren lauter kleine Dinge, von denen man morgen nichts mehr sieht. Morgen ist der Kühlschrank wieder leer, die Waschmaschine erneut voll, der Boden muss gewischt, die Zimmer aufgeräumt werden. Und wenn meine Freundin mich am Telefon fragt: „Was hast du heute getan?“, werde ich sagen: „Nichts! Nichts, was den Tag überdauert!“

An solchen Tagen fühle ich mich wie ein Fischer, der mit leeren Netzen ans Ufer zurückkommt. Ich habe nichts in der Hand. Meine Energie, die ich lieber für eine große Sache hergeben würde, sickert durch viele kleine Löcher in den Boden.

Leer sind meine Netze auch noch in anderer Hinsicht. Nach Vorträgen und Veranstaltungen denke ich manchmal: Ich habe so viel geredet, aber habe ich etwas gesagt? Ging es „zuerst um das Reich Gottes und seine Gerechtigkeit“, oder war es einfach nur heiter und witzig, freundlich-unterhaltsam und ein wenig tröstend? Und wie sieht es bei mir selbst aus? Ganz im Innern? Leer und ausgebrannt?

Am Abend steigt in mir auf, was von den Ablenkungen und Anforderungen des Tages verdeckt wurde: die Armseligkeit meiner Liebe, der Mangel an Freude und Zuversicht, „wenn ich mich nachts zurückzieh …

in meines Herzens letzte ärmste Kammer …“ (Rainer Maria Rilke).

Wie gut, dass es Worte gibt, die meinen Gefühlen und Gedanken widersprechen, die etwas ganz anderes sagen, Worte des auferstandenen Christus. Er sagt: „Ich kenne deine Bedrängnis und Armut. Und doch bist du reich“ (Offenbarung 2,9).

Wenn ein Mensch zu mir sagt: „Ich kenne dich und deine Schwächen“, dann heißt das: „Du kannst mir nichts vormachen! Ich durchschaue dich. Und du wirst dich auch nicht ändern!“

Aber wenn Gott sagt: „Ich kenne dich, deine Leere und Verzagtheit, deine Armut“, dann bin ich in diesem Satz aufgehoben und bewahrt. Gott weiß, was mir fehlt, und kann geben, worum ich ihn bitte. Er wird nie aufhören, mich zu lieben. Wie reich ich bin! Reich mit leeren und mit vollen Netzen – weil bei Gott die Fülle ist und ich daran teilhaben soll.

„Wer noch staunen und lieben kann,
gehört zu den Gesegneten dieser Erde.“

Manfred Hausmann

Bleibt, ihr Engel, bleibt bei mir

Nach einem lateinischen Hymnus aus dem 6. Jahrhundert ist eines der schönsten Abendlieder gedichtet worden. Es beginnt mit den Worten:

„Christe, du bist der helle Tag,
vor dir die Nacht nicht bleiben mag.
Du leuchtest uns vom Vater her
und bist des Lichtes Prediger.

Gottes Engel sollen uns bewahren:

„Befiehl dem Engel, dass er komm
und uns bewach, dein Eigentum …

So schlafen wir im Namen dein,
dieweil die Engel bei uns sein …“

Ohne Engel möchten wir nicht sein – weder Tag noch Nacht. Sie sind Gottes Boten, seine Hand, die uns beschützt, seine Stimme, die uns ruft. Wie gottfern oder gottlos unsere Zeit auch sein mag, Engel – in jeder Form – sind beliebter als Alf und Ufos, Teddybären und Dinosaurier. Denn sie verkörpern den Himmel. Und was wünschen wir uns mehr für unser Leben als den Schutz Gottes und freundliche Begleitung?

„Bleibt, ihr Engel, bleibt bei mir“, heißt eine Bach-Kantate. Erstaunlich, dass sie noch nicht zu Rock, Rap, Pop oder Soul verarbeitet ganz oben auf den Hitlisten steht! Ein „Hit“ ist etwas, das trifft. Nichts hat Menschen je so getroffen, als wenn Engel zu ihnen kamen. Ihr Leben nahm dann einen anderen Verlauf. In den Büchern der Bibel wird oft von Engeln erzählt: Einem Menschen, der sich resigniert in den Schlaf geflüchtet hat, rettet ein Engel das Leben, indem er befiehlt: „Steh auf! Iss und trink, sonst ist es zu weit für dich bis zu dem Ort, wo Gott dir begegnen wird!“ (1. Könige 19). Oder: Ein Engel berührt das Wasser eines Teiches. Eine Heilquelle sprudelt auf, die Menschen gesund macht.

Als Jesus im Garten Gethsemane mit Gott ringt, kommt ein Engel vom Himmel und stärkt ihn, sodass er sagen kann: „Nicht mein Wille, sondern dein Wille geschehe.“ Die Jünger – ohne diesen Engel – schlafen ein vor Traurigkeit. Schließlich sind es Engel, die uns in „Abrahams Schoß“ tragen werden (Lukas 16,22). Solange wir aber leben, bitten wir, wie Martin Luther es getan hat: „Dein heiliger Engel sei mit mir, dass der böse Feind keine Macht an mir finde.“

Engel begleiten unser Leben von den Glückwunschkarten zur Geburt bis zum Grabstein. Sie waren auch am Grab Jesu, um den weinenden Frauen zu sagen: Was ihr seht, ist der Tod. Aber Jesus lebt. Er ist auferstanden und wird vor euch hergehen. Ihr seid nicht allein gelassen.

Aber all dem ist vorausgegangen, dass eines Tages ein Engel zu einer unbekannten, jungen Frau trat und sagte: „Gegrüßt seist du, Maria! Gott ist mit dir!“ Maria erschrak. Wie sollte ein Mensch nicht erschrecken, wenn der Himmel in sein irdisches Leben tritt? Aber der Engel sagte: „Fürchte dich nicht! Du wirst einen Sohn zur Welt bringen – Jesus –, und in ihm kommt Gott selbst auf diese Erde.“ Maria hat dem nichts zu entgegnen als ein demütiges: „Mir geschehe, wie du gesagt hast!“ Und mit diesem Ja eines Menschen beginnt etwas ganz Neues. So klein macht Gott sich: Er wartet auf die Antwort eines Menschen, auf seine Bereitschaft, Gefäß des Himmlischen zu sein und nichts weiter.

Immer wieder schickt er seine Engel zu uns, himmlische und irdische. Wer glaubt, bekommt ein „drittes Ohr“ und hört mitten in allem Lärm „die dunklen Klänge Gottes“ (Peter L. Berger) und sein Versprechen, uns in dieser Welt nie allein zu lassen.

Quellenangaben

Zitate mit freundlicher Genehmigung der folgenden Verlage:

S. 12: Jörg Zink, © Kreuz Verlag, Stuttgart;
S. 14: Dietrich Bonhoeffer, © Chr. Kaiser/Gütersloher Verlagshaus;
S. 37: Erhart Kästner, aus: Ölberge, Weinberge, Insel-Taschenbuch 55;
S. 40, 64: Jochen Klepper, © Luther Verlag, Bielefeld.

Ein neues Buch von Hanna Ahrens

Der Geschmack des Himmels

Geschichten zum Luftholen und Aufatmen
96 Seiten. ABCteam-Taschenbuch
Bestell-Nr. 3-7655-3643-1

Den Geschmack des Himmels wahrnehmen – geht das? Manchmal geschieht es in ganz irdischen Dingen: bei einer guten Mahlzeit mit Freunden. Auf einer Reise. In der Weite einer Landschaft. Im Gespräch. In Wort und Musik. Oder bei der Arbeit in Haus und Garten.

Der Himmel ist offen über uns. Gott schenkt uns Raum zum Leben und Luft zum Atmen, Freude und neue Kraft. Davon erzählen diese Geschichten.

BRUNNEN VERLAG GIESSEN